ESSAI

SUR LES

ÉVÈNEMENS DE PORTUGAL.

PARIS. — IMPRIMERIE DE G.-A. DENTU,
RUE D'ERFURTH, N° 1 *bis*.

ESSAI

SUR LES

ÉVÈNEMENS DE PORTUGAL.

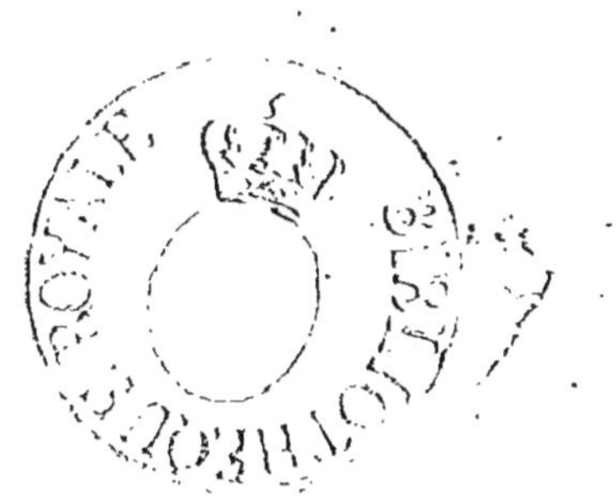

Paris,

CHEZ G.-A. DENTU, IMPRIMEUR-LIBRAIRE,

rue d'Erfurth, n° 1 *bis;*

ET PALAIS-ROYAL, GALERIE VITRÉE, N° 13.

1833.

ESSAI

SUR LES

ÉVÈNEMENS DE PORTUGAL.

***

Dans le moment où les affaires de Portugal semblent toucher à une décision, peut-être pensera-t-on que le temps est venu de se demander quelle est la question qui va être résolue à Porto, et de quel intérêt elle peut être, soit pour les partis politiques qui divisent l'Europe, soit pour les Portugais, soit enfin pour les puissances qui, depuis quelques années, veulent bien s'occuper de ce qui se passe dans ce royaume si petit et si isolé. Je sais bien qu'en France l'on se passe merveilleusement de la connaissance des faits et de celle de l'état réel des choses, pour se faire une opinion ; on s'en arrange une à moins de frais d'après ses goûts, ses convenances, ou le parti politique auquel on s'est rallié quelquefois sans trop savoir pourquoi ; et l'on peut dire que, parmi nous, toute discussion sur les affaires d'un pays étranger n'est en réalité qu'une allégorie sous laquelle les partis qui nous divisent et leurs intérêts sont à peine voilés ; très-rarement même cherche-t-on à démêler quel est le véritable intérêt de notre pays dans les évènemens auxquels on voudrait qu'il prît part. Le plus souvent c'est l'effet que pourrait, dans le premier moment, produire sur le public surpris l'adoption de telle ligne de conduite que l'on s'attache avant tout à apprécier. Ce premier effet produit, on pense à peine ensuite aux conséquences de la résolution prise ou conseillée. On dirait de décorateurs qui n'ont d'autre but que de frapper les regards, et d'arracher des marques de surprise à des spectateurs d'un moment. Je ne me dissimule pas tous les agrémens de cette méthode, particulièrement séduisante par l'indépendance qu'elle donne à l'esprit, libre par-là de la gêne qu'il pourrait éprouver dans la recherche de la vérité. Mais cependant, comme en général, après que la première curiosité du public est satisfaite, après que les partis ont arrangé les faits et prononcé leurs arrêts, les renseignemens, les détails exacts finissent par se présenter successivement, j'essaierai à tout hasard d'offrir dès à présent au public ceux que je crois pouvoir lui fournir; peut-être intéresseront-ils un moment les gens qui voudront porter sur les affaires du Portugal un jugement impartial. Je puis leur donner l'assurance que mes opinions politiques n'influeront en rien sur la couleur sous laquelle je présenterai les faits et les conséquences qui en découlent. Qu'ils ne s'étonnent pas, s'il leur arrive de rencontrer successivement des raisons en faveur des deux frères qui se disputent le trône; c'est que je n'écris pas dans l'intérêt d'une opinion; c'est que, parfaitement désintéressé et complètement indifférent dans la question, mon seul but est la vérité, et que bien souvent les partis opposés gagnent et perdent en effet tour à tour l'avantage de la raison. Avant tout, je dois dire que depuis que les querelles de don Pedro et de son frère occupent le public, je n'ai jamais rien lu ni rien entendu sur ce sujet, qui fût écrit ou dit avec bonne foi. On s'embarrasse certainement assez peu de l'un comme de l'autre des deux frères; on écrit pour don Miguel dans l'intérêt des partis qui regrettent les institutions anciennes, et pour don Pedro dans celui des innovations dont notre siècle gratifie ou menace tous les royaumes de l'Europe. Ces deux princes se trouvent ainsi les héros de deux partis qui les connaissent à peine, et se soucient peut-être fort peu de les connaître; ces deux partis ne connaissent guère plus leurs affaires que leurs personnes. Chacun d'eux a cependant cru devoir vanter la légitimité de son héros, même celui qui a l'habitude et la prétention de faire peu de cas de cet avantage. Quoique je ne partage pas son dédain pour la légitimité, il n'entre pas dans mon plan d'examiner à fond celle des deux frères, question toute portugaise à mon avis, et qui, en Portugal comme ailleurs, a toujours été obscurcie par l'esprit de parti. Mais je tâcherai d'amener mes lecteurs à penser que, quelle que soit l'opinion qu'on soit porté à se former sur cette question, on peut la regarder comme étant encore indécise, et reconnaître qu'elle s'est, avec le temps, compliquée à tel point, que, pour les étrangers surtout, elle est devenue aussi indifférente qu'insoluble, et ne peut plus être considérée comme le point principal dans les affaires qui vont se décider sur les rives du Douro.

Don Pedro était le fils aîné de Jean VI, et, quoi qu'en puissent dire les partisans de son frère, il a toujours été, du vivant de son père, considéré comme devant lui succéder : c'est un fait indubitable. Mais en voyant l'assurance avec laquelle ses ennemis ont dit si haut qu'il avait perdu, par les partis qu'il avait eu à prendre, par les déclarations qu'il avait faites au Brésil, tous ses droits à la couronne, le désir vient naturellement de chercher si, pendant la vie du feu roi, soit dans le temps où celui-ci était, avec tant de motifs, vivement aigri contre lui, soit précédemment, lorsque les cortès ont montré tant d'irritation à son égard, il a jamais été question de cette incapacité. Je sais bien qu'il ne résulterait pas de là un argument sans réplique en sa faveur, mais au moins pourra-t-on acquérir la conviction, que la perte de ses droits ne frappait l'esprit de personne alors, et que par conséquent elle n'est pas aussi évidente que ses adversaires l'ont prétendu.

Eh bien, lorsque don Pedro, à la tête des Brésiliens révoltés, chassait les Portugais du Brésil et proclamait l'indépendance de cette ancienne colonie, lorsque les cortès se montraient contre lui si hostiles, si insultantes, lorsqu'elles le regardaient en un mot comme leur ennemi particulier, jamais elles ne lui ont présenté même la menace d'être exclu du trône de son père, jamais il n'a été fait allusion au danger auquel il s'exposait, à la qualité d'étranger que pouvaient lui donner son séjour au Brésil et le rôle qu'il commençait à y jouer. Quant au roi D. Jean VI, jamais dans son conseil, jamais, dans ce qu'on a su de ses conversations avec ses serviteurs les plus dévoués, il n'a été question du partage de ses Etats entre ses fils; non, pas même au temps où don Miguel venait, par une entreprise heureuse autant que hardie, de replacer en ses mains royales le sceptre que la révolution en avait fait tomber, et que don Pedro, se proclamant souverain indépendant de la plus belle partie de la monarchie portugaise, repoussait, sans daigner les ouvrir, les lettres d'un père, faisait jeter en prison son ambassadeur, et déclarait de bonne prise le vaisseau qui l'avait porté. Si alors l'incapacité de son fils aîné ne s'est pas présentée à son esprit, si le désir de récompenser un fils auquel il devait sa couronne, et de punir celui qui lui arrachait un royaume, n'a pas pris place dans son cœur irrité, ce ne sont certes pas les évènemens du 30 avril qui auraient pu lui montrer sous un nouveau jour les droits de ses enfans, et le décider en faveur de don Miguel. On sait, et plusieurs correspondances diplomatiques pourraient probablement en faire foi, que depuis ce singulier évènement, tout ce que Jean VI redoutait le plus, c'était le retour du jeune infant. On peut s'assurer qu'il faisait demander à la cour de France, et probablement à celle d'Autriche, de le retenir loin de lui. Ses ministres, ceux mêmes qui voyaient avec douleur l'éloignement du jeune prince, n'osaient parler au roi de son retour. On était donc bien loin à Lisbonne, pendant les dernières années de la vie de Jean VI, de préparer pour son second fils la couronne à laquelle son frère aurait perdu ses droits. On en peut apercevoir une nouvelle preuve dans les négociations ouvertes par l'homme le plus honnête et le plus royaliste du Portugal, par le comte de Porto-Santo au sujet du traité avec le Brésil, et dans les *cartas regias* signées par le roi en cette occasion, dans lesquelles don Pedro est clairement, ouvertement désigné comme le futur héritier de la couronne. La même chose résulte des dispositions prises par le roi à son lit de mort, pour pourvoir provisoirement à l'administration du royaume. Je n'ignore pas les bruits qu'on a répandus sur les derniers momens de ce monarque, et sur les influences qui se sont emparées des approches de son lit de mort. Mais quoi qu'on en croye, toujours reste-t-il vrai que son ministère et la régence qu'il a nommée en mourant étaient en majorité composés d'ennemis du parti qu'on a accusé d'avoir dominé le roi à sa dernière heure, de gens connus par leur éloignement pour les institutions dont l'empereur don Pedro se targuait d'être le zélé partisan. Néanmoins ces mêmes hommes n'ont élevé aucune réclamation contre les dispositions prises par Jean VI; ils les ont fidèlement et sans contrainte exécutées, et n'ont pas hésité à appeler au trône de ses pères le monarque constitutionnel du Brésil.

Cependant, en reconnaissant don Pedro, il s'agissait pour le Portugal, non pas seulement d'avoir un roi au lieu d'un autre, mais de se soumettre à un souverain qui ne pouvait pas quitter Rio de Janeiro, qui allait dicter ses lois aux Portugais, du milieu d'un conseil de Brésiliens; il s'agissait de retomber sous l'administration d'une régence, chose dont le pays s'était si mal trouvé quelques années auparavant. Il était donc assez tentant de saisir un prétexte pour détourner un pareil avenir. Malgré cela, on voit par les mémoires remis par les ministres au duc de La Foens, chargé de porter à Rio l'hommage des Portugais au prince qu'ils avaient proclamé librement, que le conseil était résigné à ce que le Portugal restât long-temps privé de la présence de son souverain, et qu'on se bornait à désirer pour la régence future des pouvoirs plus étendus que n'en avait celle qui était tombée devant la révolte de Porto. Certes, l'on ne dira pas que ces ministres fussent partisans des idées nouvelles, ou séduits par don Pedro; car, quelques mois plus tard, la plupart refusèrent de souscrire aux changemens que ce prince voulut introduire dans le gouvernement du pays, les trouvant illégaux et dangereux pour leur patrie; ils furent classés au nombre des ennemis de la régence d'Isabelle-Marie.

Mais admettons que Jean VI et son conseil fussent dans l'erreur, ou qu'ils eussent de secrets motifs pour conserver le trône à l'empereur du Brésil; comptons pour rien leur manière de juger la question ; regardons celle-ci comme entière au moment de la mort du roi en 1826. Si alors des doutes s'élevèrent sur les droits de son fils aîné, ce ne pouvait être que par l'application qu'on leur faisait de ce qu'on a, à tort ou à raison (1), appelé les *décrets des cortès de Lamégo.* Mais quel pouvait être l'effet de pareils doutes? Ce ne pouvait sûrement pas être de saisir don Miguel du droit de se placer lui-même sur le trône. Ces doutes ne pouvaient avoir pour résultat immédiat que d'autoriser les Portugais à se réunir en cortès sous la forme sanctionnée par les lois, sous la forme sous laquelle la nation était légalement représentée, et à examiner: 1° si don Pedro avait en effet perdu la qualité de prince portugais; et 2° si, ce prince l'ayant perdue, il convenait ou il plairait à la nation d'user du droit que les lois lui donnaient de lui refuser la couronne. Car personne ne peut nier que, même dans le cas où la qualité de prince portugais eût été trouvée affaiblie

(1) Je dis à tort où à raison, parce que beaucoup d'érudits doutent à présent que ces décrets soient en effet l'ouvrage de l'assemblée de Lamégo. Il me semble qu'on ne les connaît que par la mention qui en a été faite dans les cortès qui ont été réunies après la révolution de 1640. On est assez porté à croire qu'ils ont été arrangés alors pour la circonstance : peut-être ma mémoire me trompe-t-elle. Au demeurant, sous le rapport politique, c'est une question aussi indifférente que celle de la loi salique, ces articles de Lamégo passant pour lois de l'État, au moins depuis 1640.

dans la personne de l'empereur du Brésil, les cortès n'eussent pu néanmoins lui laisser la couronne, si elles eussent cru que tel était l'intérêt ou le vœu du pays; c'est-à-dire que le doute ouvrait un droit pour la nation, celui d'exercer le genre de pouvoir souverain qu'on suppose avoir résidé dans les anciennes cortès du royaume, et qui résulterait bien évidemment du langage de celles de Lamégo; mais qu'il n'en donnait pas immédiatement un au prince qui venait après don Pedro dans la ligne d'hérédité. Ainsi, tant que la question n'avait pas été élevée, tant que la convocation des cortès n'avait pas même été demandée, le fils aîné du roi, celui qui depuis sa naissance avait été regardé comme le seul prince ayant droit au trône de son père, était bien réellement l'héritier présomptif, le légitime héritier de Jean VI. Or, à la mort de ce monarque, personne ne mit en doute que don Pedro ne fût encore prince portugais; aucun organe respectable des vœux du pays ne demanda que les cortès fussent convoquées pour prononcer sur ses droits. Ce prince fut proclamé sans précipitation, sans réclamation comme sans violence.

On objectera peut-être que la nation ne peut pas, pour n'avoir pas été consultée, avoir perdu ses droits; qu'il ne dépendait pas d'elle d'être convoquée en cortès; que ce n'est qu'après le retour de don Miguel que cette convocation a eu lieu dans la forme consacrée par le temps, celle sous laquelle elles s'assemblèrent à Lamégo, celle sous laquelle, plus tard, elles reconnurent et renouvelèrent, en 1640, les antiques lois de la monarchie. Mais, en vérité, peut-on disconvenir qu'il ne soit facile de mettre en question la légalité et la régularité de l'assemblée de 1828? Les gens impartiaux avoueront que, réunie après une révolution par un prince qui l'avait faite, qui venait de manquer à tous ses engagemens, qui avait par ses violences contraint ceux qui ne favorisaient pas son ambition à s'expatrier ou à se taire, cette assemblée n'a pas plus de valeur que les cortès créées deux ans auparavant par la fantaisie de don Pedro.

Dans un tel état de choses ce serait, il me semble, une prétention vaine, surtout pour un étranger, que celle de vouloir juger cette question de légitimité, en cherchant à lui appliquer avec plus ou moins de subtilité les décrets prononcés au temps d'Alphonse. Après sept ans de pouvoirs irréguliers, de violences, de négociations compliquées, d'engagemens pris et rompus, de promesses et de sermens violés, cette affaire a pris une face nouvelle. Quelle qu'elle puisse encore paraître aux yeux des partis en Portugal, elle ne peut plus être, à ceux des étrangers, qu'une question de politique, dans laquelle il faut voir avant tout les convenances et les intérêts des puissances qui croiraient avoir le droit de s'en mêler, dans laquelle on doit nécessairement tenir compte des faits accomplis, des démarches, des négociations, des conventions passées, et surtout des conséquences du parti que prendraient les puissances. C'est pour fournir quelques matériaux à cette discussion, que j'essayerai de réunir ici quelques souvenirs et quelques réflexions dont je puis garantir, tout au moins, la bonne foi.

Si, laissant en effet de côté la partie de la question qu'on peut appeler *portugaise*, on veut se borner à considérer ce qui touche à l'honneur et à l'intérêt de l'Europe dans cette lutte des deux frères, il est naturel de se rendre compte de la conduite des puissances à l'égard de don Pedro avant la mort de son père, et de la part qu'elles ont prise aux arrangemens qui ont ramené deux ans après don Miguel à Lisbonne; ensuite, de ce qui résulterait du triomphe de don Pedro et de la Constitution qu'il a inventée.

Lorsque le Bresil rompit les liens qui l'unissaient au Portugal, ce dernier pays était livré à cette anarchie des cortès qui n'a échappé à la haine que par le ridicule. Peu de gens en Europe considérèrent alors cette séparation comme une révolte; l'on fut, en général, plutôt disposé à voir avec faveur la détermination prise par don Pedro de refuser toute obéissance à un pouvoir usurpé, qui ne laissait à son père que le vain titre de *roi*. Tout l'intérêt se porta sur lui; et les nations commerçantes applaudirent à la complète séparation des deux pays, qui leur parut, dans cette occasion, indispensable au maintien d'un gouvernement régulier au Brésil, c'est-à-dire au maintien des relations importantes qu'elles avaient depuis peu d'années liées avec ce pays. Il est permis de croire que ce fut en particulier sous ce point de vue que les cabinets de Paris et de Londres considérèrent cet évènement. En même temps le mariage de don Pedro avec une archiduchesse lui assurait la bienveillance de la cour de Vienne, tandis que celles des cours de Pétersbourg et de Berlin lui étaient préparées par le mépris et le dégoût qu'inspiraient la révolte de Porto et la conduite des cortès. D'ailleurs, le Portugal épuisé perdait chaque jour de son importance politique et commerciale, qui s'attachait presqu'entière à la colonie dont il se trouvait séparé. Aussi, les agens de don Pedro furent-ils reçus partout avec faveur, quoique les convenances ne permissent pas de les traiter en agens diplomatiques. L'Espagne seule persista à ne voir en don Pedro que le chef d'une insurrection populaire, qui avait violemment détaché d'un royaume européen une colonie soulevée.

Il résulta d'une telle disposition des esprits, qu'au moment où don Miguel rétablit son père sur le trône en 1823, aucune des puissances de l'Europe, si ce n'est l'Espagne, ne pensait plus à mettre en question l'indépendance du Brésil, ni ne portait le moindre intérêt aux prétentions, fort naturelles cependant, que Jean VI pouvait conserver à la soumission de son fils, alors qu'il avait recouvré son autorité en Portugal. Toutes désiraient même que ce monarque le reconnût comme souverain du Brésil, et leur donnât un exemple que la décence leur commandait d'attendre. C'est que toutes regardaient le maintien de la monarchie de don Pedro comme un intérêt général, comme une

mesure nécessaire pour assurer la prospérité des relations commerciales, et pour servir de contre-poids à
cet esprit imprudent et aveugle de républicanisme qui
menaçait de priver pour une longue suite d'années
la plus grande partie de l'Amérique de toute espèce
de sécurité.

Cette séparation des deux royaumes pouvait être
effectuée de deux manières, soit par un partage entre
les enfans de Jean VI, soit par un partage entre ceux
de son fils aîné. L'Espagne désirait le premier pour
écarter de la péninsule don Pedro et le triomphe du
parti constitutionnel. La France le désirait aussi, mais
uniquement comme plus prompt, plus décisif que
l'autre, qui aurait pu aisément devenir illusoire. Néanmoins, à la mort de Jean VI, il ne paraît pas que
cette puissance eût encore fait aucune démarche à
cet égard. Malgré l'apparence que don Miguel s'était
donnée de chef de parti royaliste, le cabinet des
Tuileries n'avait montré, quoi qu'on en ait pu dire,
aucune prédilection pour lui; et même, quand ce
prince avait été conduit à Paris, où le roi son père
eût désiré qu'il restât, on s'y était fort peu, trop peu
occupé de lui. On n'avait rien tenté pour l'attacher
à la politique de la France, tant le cabinet des Tuileries était alors éloigné de tout ce qui pouvait ressem-
bler à de l'intrigue. Au demeurant, et pour le dire en
passant, l'avantage que la cour d'Autriche a recueilli
d'une conduite plus adroite et plus convenable, ne
doit pas nous laisser beaucoup de regrets.

Quant au gouvernement anglais, qui regardait don Miguel comme le chef ou l'instrument du parti opposé à celui qui recherchait l'appui de la Grande-Bretagne, il avait conseillé à Jean VI, dans le temps où il offrait sa médiation à ce prince pour l'arrangement des affaires du Brésil, de régler sa succession de son vivant, et de faire sanctionner cet arrangement par l'assemblée des cortès, c'est-à-dire de faire décider lequel des enfans de don Pedro régnerait en Portugal. Cette idée d'un partage sanctionné par l'assemblée de la nation, fut, malheureusement peut-être pour le repos du pays, écartée par les conseils de quelques agens diplomatiques, et apparemment aussi par la répugnance de Jean VI. L'Angleterre, qui ne mettait aucune prépotence dans sa médiation, n'insista pas : la France ne paraît pas s'en être occupée.

C'est cette même idée que sir Charles Stuart a proposée et fait adopter plus tard à l'empereur du Brésil, quand la nouvelle de la mort du roi son père parvint en Amérique. On n'a pas su, en effet, que jusque-là don Pedro en ait été occupé. Loin de faire aucune démarche pour en faciliter le succès, il paraîtrait même que, dans le premier moment, il se montra plutôt disposé à refuser, et pour lui et pour ses enfans, la couronne qu'on lui apportait. Sir Charles, du moins, s'est vanté de lui avoir persuadé qu'il devait l'accepter pour sa fille. Mais en prenant ce parti, don Pedro n'adopta pas le seul moyen légal qui s'offrît à lui pour le mettre à exécution : se confiant au parti constitutionnel et à la reconnaissance que toute sa conduite lui devait inspirer, il fit, par un acte de sa volonté, ce qu'on lui conseillait de faire par les cortès.

Jusqu'à la mort de son père, ce prince semblait avoir pris pour devise qu'il *ne voulait rien du Portugal.* Placé sur un trône chancelant, reconnu pour souverain, quoique prince portugais, par un peuple qui ne pouvait souffrir de Portugais sur son territoire, il avait cru qu'il n'y aurait de sécurité pour lui que dans une renonciation complète à tout rapport avec la mère-patrie ; et il fut un temps où probablement il aurait hautement renoncé, pour lui et ses enfans, à tout droit à un trône européen, s'il avait été contraint à s'expliquer. C'est à tort, cependant, qu'on a voulu profiter de l'attitude qu'il avait prise, et des propos qu'il a tenus aux Brésiliens pour soutenir qu'il avait formellement renoncé au trône de Portugal. Sans compter, en effet, que les engagemens pris vaguement avec les Brésiliens, avant la mort de son père, ne pourraient pas être suffisans pour lui ôter ses droits en Portugal, il n'a jamais pris que celui de rester Brésilien, et non pas celui de ne pas faire passer ses droits à un de ses enfans. Au reste, en Portugal, ainsi que je l'ai déjà dit, on ne le regardait pas du tout comme ayant renoncé, sérieusement et d'une manière absolue, à régner sur le pays. La foule l'attendait, parce qu'il était l'héritier présomptif de la couronne ; les constitutionnels le désiraient, parce qu'ils voyaient dans son élévation au trône le triomphe de leur parti; beaucoup de gens, royalistes ou autres, qui avaient déploré la séparation des deux royaumes, qui sentaient que, privé du Brésil, le Portugal perdait toute son importance, que la source de sa prospérité passée était tarie, se flattaient que la réunion des deux couronnes sur la tête de don Pedro amènerait tôt ou tard la réunion complète et permanente des deux pays, et se plaisaient à croire qu'un jour, échappé aux embarras dont le pouvoir était dominé au Nouveau-Monde, le prince portugais, maître de ses actions, préférerait Lisbonne à Rio, et que la monarchie de la maison de Bragance recouvrerait tout son ancien éclat. A leurs yeux, cette lueur d'espérance balançait les sacrifices faits par Jean VI en traitant avec son fils, les inconvéniens attachés à une régence, et la honte de recevoir des ordres du conseil de Rio. C'est probablement à des idées de ce genre qu'il faut attribuer une démarche faite par les ministres de Jean VI, plusieurs mois avant sa mort. On demanda officiellement à l'Angleterre de garantir à don Pedro l'intégrité de l'héritage de son père : M. Canning refusa. Certes, le ministre des affaires étrangères qui fit cette démarche, était loin d'être partisan des changemens dont le règne de l'empereur du Brésil menaçait le Portugal : c'était, si je ne me trompe, le comte de Porto-Santo.

Nous avons vu, par tout ce qui précède, quel était l'état des choses, sous le rapport de la succession au trône, jusqu'au moment où Jean VI expira. Quand sa mort, à laquelle tout le monde était préparé depuis plusieurs mois par l'état défaillant de sa santé, fut connue, aucune clameur ne s'éleva en faveur de don Miguel : ce prince, alors à Vienne, ne fit rien, ne dit rien qui pût autoriser le public à croire qu'il eût des prétentions au trône ; il reconnut, sans hésiter, son frère pour son souverain, dans des lettres officielles trop connues pour en parler ici. A Lisbonne, la régence non seulement proclama don Pedro, et lui envoya une députation solennelle ; mais elle pressa vivement les cours alliées de le reconnaître : celles-ci, qui n'avaient aucune raison pour rechercher si l'héritier présomptif de la couronne avait perdu le droit de succéder à son père, et qui étaient fort loin de vouloir jeter le moindre trouble dans le royaume, se hâtèrent d'y consentir. Le cabinet des Tuileries, dont la politique se montra constamment fort loyale, fit plus ; il détermina l'Espagne, qui ne voyait dans don Pedro que le chef d'une colonie insurgée contre la métropole, et le fabricateur imprudent d'une Charte constitutionnelle, à accréditer de nouveau à Lisbonne son ambassadeur, dont les pouvoirs avaient été suspendus.

Les partisans de don Miguel ont blâmé les puissances d'avoir ainsi paru décider la question en faveur de l'empereur du Brésil, sans tenir compte de l'incapacité dont pouvait l'avoir couvert la couronne étrangère qu'il portait ; mais on vient de voir qu'alors personne n'élevait cette question d'incapacité. Les cours étrangères n'étaient pas appelées à ouvrir une pareille discussion; elles n'avaient aucun motif pour retarder la reconnaissance de l'héritier apparent du trône, qu'elles savaient proclamé sans résistance dans le pays.

Mais, quand on apprit que l'empereur du Brésil renonçait pour lui-même à la couronne qui lui était présentée; que, persistant à ne pas vouloir réunir la métropole à l'ancienne colonie, il donnait de sa propre autorité le Portugal à sa fille encore en bas âge; que, par un acte d'omnipotence inouï dans des circonstances ordinaires, il avait d'un trait de plume aboli les institutions d'un pays qu'il ne connaissait pas, et, avec plus de légèreté encore, les avait remplacées par une nouvelle Constitution, fabriquée en deux jours, que lui-même ne voulait pas se charger de mettre à exécution : quand enfin l'on pensa que, par suite d'une détermination qu'on attribua sur le champ à des intrigues ourdies de longue main par le parti méprisé des cortès de 1821, le pouvoir allait tomber aux mains d'une faction odieuse à la plus grande partie de la nation, et que l'ordre social était menacé comme l'ordre politique, alors des cris s'élevèrent, des passions s'allumèrent, qui annonçaient que tous les Portugais ne se résigneraient pas à souffrir une pareille entreprise; alors furent mis, pour la première fois, en question les droits de don Pedro, qui ne l'eussent probablement pas été sans cela. En effet, pour le pays, pour les partis qui le divisaient, les résolutions imprudentes de don Pedro étaient d'un bien plus grand intérêt que la question de savoir qui, de lui ou de son frère, devait occuper le trône. D'ailleurs, quelque opinion qu'on se fasse de la puissance royale, peut-on, de bonne foi, reconnaître à un souverain le droit, en abdiquant, de disposer de la couronne de son propre chef, sans consulter la nation, et le droit, bien plus important encore, de détruire d'un mot tout ce qui a jusque-là constitué l'existence politique d'un pays? Même après avoir reconnu don Pedro pour légitime héritier du feu roi, les Portugais pouvaient donc très-légitimement lui refuser le droit de désigner, sans leur consentement, son successeur; même en trouvant leur gouvernement ancien très-mauvais, ils pouvaient prétendre à être consultés sur son abolition, et sur celui qu'on voulait mettre à sa place.

Il n'y aurait donc eu rien d'étonnant, si tous les partis, toutes les classes eussent été également choqués à la vue de cet étranger qui arrivait de par de là l'Atlantique, portant dans ses bagages l'abolition des lois du pays, une nouvelle distribution des droits et des priviléges des citoyens, et dans son portefeuille, le nom du souverain auquel il fallait jurer fidélité, et qui déballait tout cela dans une auberge de Lisbonne, en se moquant hautement de celui qui lui avait donné cette bizarre commission, ainsi que de ceux auxquels il la portait. Mais il n'en fut pas ainsi. L'es-

prit qui agite l'ancien monde, qui tend à le partager
en deux masses ennemies, en unissant de pays en pays
ceux qui marchent vers un but semblable, a affaibli
partout l'esprit national. Les libéraux de Portugal,
ne voyant dans les mesures prises par don Pedro que
l'espérance qu'elles ouvraient devant eux d'arriver
au pouvoir, et de renverser le parti opposé à leurs doc-
trines, applaudirent avec enthousiasme cet acte de
prépotence, sans être arrêtés par la réflexion qu'ils
s'ôtaient par-là tout droit de se plaindre, si un jour
leur souverain, autrement inspiré, rêvait une nouvelle forme de gouvernement, et traitait la nouvelle Charte comme étaient traitées en ce moment
les anciennes lois du pays. En même temps aussi, un
petit nombre de citoyens bien intentionnés, tout en
ressentant l'inconvenance de la manière dont l'empereur du Brésil exerçait ses caprices sur la mère-patrie,
espérèrent que leur pays si déchu pourrait recueillir
d'un changement dans le gouvernement quelques
avantages qui ne seraient pas trop chèrement achetés
par le sacrifice de son amour-propre en cette occasion. Ainsi, un assez grand nombre de gens se trouvaient disposés à appuyer l'exécution des volontés de
don Pedro, qui, jusque-là, était reconnu par tous
les Portugais comme leur souverain légitime. Mais dès
les premiers jours, dans le conseil, dans la régence,
et dans l'administration, les gens qui tenaient à la
première révolution, s'étaient hâtés de se déclarer
pour l'œuvre improvisée qu'apportait sir Ch. Stuart,

et se précipitaient sur le pouvoir qu'elle semblait leur destiner. Il fut sur le champ évident aux yeux de tous ceux qui n'étaient pas de ce parti, que ce dont il s'agissait réellement, était de laisser passer le pouvoir aux mains de leurs ennemis, de ceux qui voulaient tout bouleverser, tout changer dans le pays; de sorte que la partie-pratique de cette espèce de révolution, si l'on peut se servir de cette expression, irritait plus encore que la partie théorique. Beaucoup d'intérêts allaient en effet être froissés, beaucoup d'existences et de fortunes allaient être menacées. L'opposition qui se manifesta n'avait donc rien que de très-naturel; ce n'était point l'œuvre de l'intrigue ou de la séduction. Pour pouvoir s'en faire une idée juste, il n'est pas hors de propos de jeter un coup-d'œil rapide sur l'état des personnes et des classes en Portugal, sur leurs dispositions, sur leurs intérêts. Il mettra les hommes de bonne foi sur la voie de comprendre quel effet dut produire sur les esprits la prévision du changement qui allait évidemment résulter de la nouvelle forme donnée au gouvernement.

Il serait difficile de trouver un pays où l'on se soit plus scrupuleusement abstenu de toutes les améliorations introduites dans les autres pays depuis un siècle, que le Portugal. Là règne encore une confusion dans les pouvoirs, un mélange des différentes branches de l'administration, qu'on a déjà délaissés et oubliés ailleurs depuis long-temps. Je ne prétends pas apprécier ici quels en étaient les inconvéniens réels; je sais dans quelles erreurs peut tomber, à cet égard, un étranger qui ne s'appuye que sur le raisonnement; je sais combien l'honnêteté *naturelle* d'un peuple, sa modération, sa sagesse peuvent diminuer dans la pratique les abus qu'à l'aide des théories on supposerait devoir naître d'un ordre de choses imparfait; c'est le fait qu'il faudrait connaître, et je ne le connais guère; mais, toute critique à part, il résultait de cet état de choses si arriéré, que tout projet tendant à une brusque introduction des systèmes nouveaux de gouvernement et d'administration, menaçait l'ensemble entier des autorités du pays, même des autorités municipales qui, en beaucoup d'endroits, étaient devenues dans le fait des espèces d'aristocraties bourgeoises fort lucratives et fort importantes pour les familles qui avaient l'habitude d'en fournir les membres. Il arrivait de là que dans les provinces une grande portion des familles les plus considérables de la classe moyenne voyaient leur ruine dans l'établissement du nouveau gouvernement. Or, si l'on ajoute à celles-ci, toutes celles qui étaient sous l'influence, soit de la noblesse, soit du clergé, soit des anciens usages, des anciennes idées, des préjugés si l'on veut, l'on verra que ce n'était pas la masse la plus importante qui pouvait se ranger du parti des novateurs. Quant aux gens de campagne, il semble qu'il devait y en avoir bien peu qui pussent se passionner pour les théories nouvelles.

Le clergé n'a, en Portugal, ni autant de richesses,

ni autant d'influence qu'en Espagne, parce qu'entre autres raisons, il a été en général, depuis le marquis de Pombal, traité avec assez de dureté, veillé de fort près, et fréquemment pressuré par le gouvernement; la guerre des Français et la révolution de 1820, lui avaient d'ailleurs causé des pertes que le temps seul pouvait réparer. Cependant, il conservait encore des revenus assez considérables, et il exerçait dans bien des endroits une action puissante sur l'esprit des peuples. Or, la tendance bien connue des systèmes nouveaux, l'esprit d'aveugle destruction qui anime leurs partisans, l'exemple donné par les cortès de 1820, lui annonçaient assez que ce qui lui restait de biens et d'influence lui serait enlevé, si le parti constitutionnel triomphait. Comment, en effet, aurait-il vu d'un œil tranquille, qu'à un gouvernement religieux, au moins en apparence et par habitude, allait succéder un gouvernement ardent à essayer de tous les genres d'innovations, sans respect pour aucune institution ancienne, pressé de détruire, prévenu d'ailleurs contre les ecclésiastiques et lié par un commerce d'intérêts et de principes avec les factions qui s'étaient efforcées d'anéantir le clergé, et même la religion, partout où elles avaient triomphé? Telles s'étaient montrées les cortès de 1820 et les cortès d'Espagne du même temps. En général, et pour le dire en passant, les amateurs de Chartes et d'améliorations ont perdu leur cause dans la péninsule : d'abord, parce qu'au lieu de chercher à réparer, à perfectionner ce qui existait chez eux, ils ont voulu faire table rase, essayer confusément toutes les théories des gens qui ont travaillé à amener l'esprit révolutionnaire en France, théories qui n'avaient été imaginées que pour détruire et non pour édifier; et ensuite, parce qu'ils se sont unis et soumis à tout ce qu'il y a de révolutionnaires plus déhontés, plus dépravés, plus redoutés dans toute l'Europe. Par-là, ils ont fatigué toutes les classes, et n'ont racheté cet inconvénient par aucun bien matériel, aucun succès réel dans aucun genre. La population malheureuse de la péninsule s'est détournée d'eux avec mépris, et est retombée avec résignation dans sa vieille misère d'habitude.

Quoique par la Charte, l'entrée de la Chambre haute ne fût interdite à aucune classe de citoyens, l'institution de la pairie établissait cependant, dès l'abord, une ligne de démarcation entre ce qu'on appelle les *hidalgos*, les gens titrés, seuls appelés à former la Chambre des pairs à sa naissance, et la noblesse de province, moins illustre mais plus nombreuse et plus influente que les grandes familles attirées et retenues depuis de longues années à Lisbonne, presqu'inconnues dans l'intérieur du royaume. Cette ligne de démarcation ainsi tracée ne disposa pas favorablement en faveur de la Charte nouvelle, cette noblesse de province, qui d'ailleurs était plus ardente et plus ferme dans ses opinions que les grands, habitans oisifs et amollis de quelques palais de la capitale. Ceux-ci même furent très-peu séduits par l'existence politique que la pairie promettait de leur rendre. Il eût fallu quelques années pour qu'ils en sentissent les avantages et s'y rattachassent. Parmi eux il s'en trouvait sans doute un certain nombre qui voyaient avec joie l'ordre de choses nouveau, soit parce que, séduits depuis long-temps par les théories constitutionnelles, par le spectacle des prospérités de l'Angleterre et de la France, ils croyaient que leur pays en retirerait de grands avantages, soit parce qu'ils se flattaient de recouvrer, grâces à la nouvelle influence qu'il allait leur donner, une importance politique depuis long-temps enlevée à la noblesse. Plusieurs aussi n'ayant jamais pris parti pour aucun système de gouvernement, et ne comprenant ni le nouveau ni l'ancien, s'accommodaient de celui-là parce qu'ils le croyaient établi. Mais le plus grand nombre, composé de gens âgés, tranquilles, habitués à vivre loin des affaires, dans le sein de leur famille et dans l'entourage de leurs nombreux domestiques, n'ayant jamais connu d'autre source de faveur, de considération, de fortune que la cour du souverain, virent avec chagrin s'élever l'ordre nouveau. Leurs fils s'y seraient attachés probablement; mais pour eux leurs habitudes, leurs intérêts y étaient contraires. Il faut remarquer qu'en Portugal, où les patrimoines sont assez peu considérables, ou au moins assez peu productifs, une bonne partie des revenus de la haute noblesse se composait des domaines de la couronne, de ceux des ordres militaires, ou de certains droits lucratifs, que la faveur ou le besoin obtenaient du roi, et qui bien qu'accordés pour un temps limité seulement, sortaient rarement des familles dans lesquelles ils étaient une fois entrés. Ces biens devenus si nécessaires à ceux qui en avaient obtenu, considérés par les autres comme une récompense offerte à leurs services, ou une ressource à leur pauvreté, tentaient tous les faiseurs de plans de finances. S'en emparer avec plus ou moins de ménagemens formait toujours le fond de leurs projets; toute discussion financière dans les Chambres devait nécessairement aboutir au même but. Il n'est donc pas fort extraordinaire, que bon nombre de pairs, menacés ainsi doublement dans leur fortune et dans leurs espérances, réduits à ne plus chercher d'importance ni de ressource pour soutenir l'éclat de leur nom que dans une carrière parlementaire qui avait jusque-là été étrangère à leur éducation et à toutes les habitudes de leur vie, ne vissent qu'avec effroi et chagrin la forme nouvelle du gouvernement.

J'ai parlé des bourgeois, du clergé, des nobles de province et des grands; une partie de l'armée n'était pas mieux disposée en faveur du gouvernement nouveau. Don Miguel y conservait des partisans nombreux, surtout dans la cavalerie; c'était l'armée qui avait fait la révolution de Porto, la contre-révolution de 1823, l'essai de la révolution du 30 avril; elle s'habituait à l'idée de gagner ainsi sur les places publiques les grades et les avantages que d'autres armées cherchent sur les champs de bataille.

Il ne faut pas pourtant conclure de ce que je viens de dire que les institutions nouvelles n'eussent aussi leurs partisans en Portugal; elles en avaient très-certainement; mais, si l'on met de côté le commerce de Lisbonne et de Porto, c'était plutôt des individus que des classes. Ils avaient évidemment, pour se soutenir, besoin de l'appui du gouvernement et de celui de cette foule confiante ou indifférente qui ordinairement obéit à l'impulsion de celui-ci.

Tel était à peu près l'état des choses et l'aspect des partis quelques mois après que les institutions nouvelles eurent été, si l'on peut se servir de cette expression, superposées à l'ancienne organisation du pays. Les conséquences ne s'en étaient pas fait long-temps attendre; elles se développèrent rapidement de jour en jour. Le parti qui n'avait vu dans ces changemens qu'un moyen d'arriver à de plus grands, et de réussir à mettre tout en qustion, s'efforçait de se rendre le maître du mouvement, pensait à révolutionner l'Espagne, et pour y parvenir voulait appeler à Lisbonne tous les bannis de la Péninsule, pour travailler à une œuvre qui devait faire tressaillir de plaisir tous les vieux révolutionnaires d'Europe, qui devait faire germer les espérances au sein de tous les agitateurs actifs de la génération actuelle. D'un autre côté, une tendance à l'émigration s'était rapidement manifestée parmi les ennemis de l'ordre nouveau; militaires et bourgeois passaient en grand nombre en Espagne avec l'espérance de rentrer promptement dans leur patrie à main armée, avec l'appui du gouvernement espagnol. Entre ces deux partis qui se menaçaient, et qui en vérité menaçaient aussi leur pays, le bonheur ne pouvait guère se trouver au triomphe de l'un ou de l'autre. Le gouvernement, effrayé de la révolution sociale vers laquelle l'un cherchait à l'entraîner, et de l'attaque dont il était menacé par l'autre; averti par les cours alliées de ne pas lâcher la bride aux révolutionnaires, et de se compromettre le moins possible avec l'Espagne, qu'elles s'efforçaient de ramener à une ligne de conduite moins hostile pour le gouvernement d'Isabelle-Marie, s'arrêta, se crut menacé dans son existence par les gens ardens du parti constitutionnel, s'attacha à le contenir, à le décourager, et bientôt, vainqueur des insurgés, ennemi des novateurs, se reposa dans une espèce de juste-milieu, laissant aux cabinets étrangers le soin de décider du sort du Portugal. C'était tout ce que pouvaient faire de mieux pour leur pays, dans les circonstances dans lesquelles étaient l'Europe et la Péninsule, les gens honnêtes qui se trouvaient à la tête des affaires, et qui, désirant le bien de leur patrie, sentaient que ce bonheur n'était pas en leurs mains. Forcément, ils devaient avoir confiance dans les cours qui s'occupaient de leurs affaires; et j'oserais dire que maintenant même que leurs espérances ont été si cruellement trompées par le sort, ils ne peuvent pas accuser les alliés d'avoir voulu abuser de leur confiance, et d'avoir amené la révolution qui les a chassés de leur pays.

Les affaires de Portugal ont été en effet pendant deux ans l'objet des négociations les plus actives des cabinets de l'alliance. A juger par les résultats, on pourrait bien n'être pas disposé à l'admiration pour les négociateurs qui s'en sont occupés, ni pour les cours qui ont dirigé ceux-ci. Mais quand on veut juger avec équité des négociations et un système politique, il faut tenir compte du but qu'on s'est proposé d'atteindre, et distinguer surtout quel a été le résultat auquel on s'attachait le plus particulièrement. En portant sur les affaires qui nous occupent cette scrupuleuse attention, peut-être trouverait-on que les puissances, toutes trompées qu'elles ont été par l'infant, ramené par elles à Lisbonne, n'ont pas mérité de bien graves reproches, puisqu'elles ont réussi à une chose qui les intéressait bien plus que les affaires du Portugal, à conserver entre elles la paix que ces affaires avaient menacé de troubler. Il me semble que ce qui a surtout donné naissance au blâme déversé sur elles en cette occasion, c'est que les partis leur ont supposé un intérêt très-vif pour le but auquel chacun d'eux en attachait davantage. C'est ainsi qu'on a prêté au cabinet de Londres une ardeur extrême à établir une constitution libérale en Portugal, en vue du triomphe des idées constitutionnelles, et à d'autres cabinets le but unique d'y faire triompher l'arbitraire en la personne de don Miguel. C'est, je le crois, une erreur complète, et j'essaierai de présenter sous un jour plus froid, mais plus vrai, la marche que les puissances ont suivie dans les affaires qui font le sujet dés réflexions que je soumets au public.

Le roi don Jean VI meurt dans un temps où, aux yeux de tous, don Pedro était l'héritier apparent, présomptif de la couronne; le gouvernement établi par le feu roi le proclame sans précipitation, sans violence, sans éprouver la plus légère résistance; les cours de l'alliance le reconnaissent; il leur était fort indifférent qu'il y eût dans les lois de Lamégo quelques articles qu'on eût pu lui opposer; c'était aux Portugais à s'en occuper.

Ce roi nouveau se plaît à bouleverser les lois de son pays, dans l'idée probablement qu'il affermira à jamais l'amour que lui portent les Brésiliens, et qu'il inspirera aux Portugais une éternelle reconnaissance et un entier dévouement pour sa famille; il rêve une constitution, et l'expédie pour Lisbonne par l'occasion d'un diplomate anglais qui part pour l'Europe; se souciant peu de la couronne pour lui-même, il en fait présent à sa jeune fille de huit ans. C'est encore l'affaire des Portugais, et non celle de l'alliance; elle n'objecte rien ni à la constitution nouvelle ni au règne de l'enfant.

Mais voilà que l'Espagne se croit menacée dans sa sûreté par cette espèce de révolution. L'état du Portugal est assez connu pour qu'on sache que, malgré sa faiblesse, cette puissance peut y exciter des troubles sérieux, mettre en question le gouvernement qui y est établi. Le ministère anglais, fort au courant de cet état de choses, croit contraire à ses intérêts que l'œuvre de don Pedro soit renversée par un parti excité et soutenu par l'Espagne ; qu'une autre influence que l'influence britannique domine aussi effectivement en Portugal ; le pétulant ministre qui le dirige se hâte de se déclarer le champion du gouvernement nouveau ; tout en profitant des avantages généraux de l'alliance, il a voulu depuis plusieurs années donner à l'Angleterre et à lui-même un levier puissant pour intimider les cours du continent, il veut se présenter à tous les libéraux du monde, badauds ou non, comme un défenseur qu'ils trouveraient en un jour de danger. L'alliance sait à quoi s'en tenir et sur les réalités et sur l'apparence. Mais il faut prévenir une lutte dans la Péninsule ; devait-on laisser l'Espagne pousser ses intrigues en Portugal, et l'Angleterre protéger hautement le nouveau gouvernement, triompher, et probablement abuser de son triomphe *sur l'Espagne,* sur l'Espagne, qui venait d'être arrachée aux convulsions de l'anarchie des cortès, et au sein de laquelle une armée française élevait encore ses bannières protectrices ? C'eût été une folie, et pour nous une folie honteuse. Que fit-on ? On reconnut d'abord trois points comme incontestables : que l'Espagne, réellement menacée, avait le droit de veiller à sa sûreté, si on ne lui donnait pas sécurité ; que l'on ne pouvait demander au gouvernement anglais de laisser, dans un pays que la nation anglaise regardait depuis long-temps comme placé sous sa protection et sous une espèce de dépendance, renverser, par une puissance étrangère, l'ordre de choses établi, pour y faire triompher un parti regardé généralement comme opposé à ses intérêts; deux nécessités politiques, pour le dire en passant, qui ne pouvaient pas être méconnues; enfin que don Pedro et ses œuvres n'étaient pas soumis aux jugemens des puissances, qui n'avaient à examiner ni ses droits à la couronne ni la bonté de ses conceptions politiques. Ces points convenus, on chercha à s'entendre, pour donner à l'Espagne la sécurité que toute nation a le droit de chercher à se procurer, pour laisser l'Angleterre suivre la politique dont elle ne croyait pas pouvoir s'écarter, et pour conserver à l'égard du Portugal le respect que l'on doit à l'indépendance de toute nation. Sans doute, si l'on veut voir tous les détails de ce qui s'est passé, l'on trouvera que l'Espagne a eu de la peine à se confier, pour sa sûreté, aux soins des alliés; qu'elle a donné des paroles qu'elle a violées parfois; que le ministère anglais s'est plus d'une fois laissé aller à des accès de prépotence. Mais, en masse, les vues des puissances ont été remplies, et leur grand intérêt, la conservation et la bonne harmonie de l'Europe, a été atteint. Le cabinet de Londres s'est franchement réuni aux autres pour empêcher Lisbonne de devenir un foyer de révolution et de propagande; et eux ont agi tout aussi franchement de concert avec lui pour arriver au même but, et pour détourner l'Espagne du projet d'appuyer l'insurrection en Portugal. S'ils y ont bien imparfaitement réussi, ce n'est pas la faute de leurs démarches. D'un autre côté, ils n'ont en aucune façon cherché à nuire aux intérêts de don Pedro, dont ils avaient reconnu les droits. Les faits prouvent en effet qu'on a travaillé de bonne foi à Vienne à amener l'infant à consentir à toutes les demandes de son frère qui étaient conformes à la raison ; mais aussi l'on n'a pas sacrifié ce jeune prince, et l'on a veillé à ce que les promesses de l'empereur du Brésil ne fussent pas illusoires. Pendant qu'il recevait les conseils de l'alliance, don Miguel a reconnu son frère pour son souverain, et a rendu publique l'expression de sa soumission ; il a été fiancé à sa nièce pour régner un jour avec elle en Portugal ; il a été appuyé dans son refus d'aller à Rio remettre entièrement le soin de son avenir aux caprices d'un prince qui n'avait pas inspiré une confiance assez grande en Europe pour qu'on lui conseillât de s'abandonner si complètement à lui. Il a accepté le titre de lieutenant de son frère et de régent, titre que les cours allaient travailler à faire modifier pour que les derniers fils de dépendance entre le Brésil et le Portugal fussent rompus : enfin, il a été ramené à Lisbonne pour être mis provisoirement en possession du pouvoir. On a voulu même, afin de lui rendre plus faciles les premiers temps de son administration, qu'il n'arrivât pas à Lisbonne sans argent ; on lui a fait faire et on a garanti un emprunt, dont les fonds étaient déposés sur la flotte qui l'a ramené dans sa patrie. Voilà la marche que les puissances ont suivie avec unanimité, après quelque peu d'hésitation qui prenait sa source dans le caractère de M. Canning, et le peu de confiance qu'il inspirait à quelques cours. Que les gens qui peuvent acquérir la connaissance des faits, soient de bonne foi : plus on étudiera les affaires pendant la restauration, plus on se convaincra, quoi qu'on en puisse dire aujourd'hui, qu'il y a eu plus d'honnêteté dans la politique alors, qu'à aucune autre époque de l'histoire ; mais c'est un temps qui sera probablement toujours mal jugé. Il faudrait mettre de côté trop de préjugés et de lieux communs, à l'aide desquels tant de gens trouvent commode de se faire une opinion, ou tout au moins des textes de discours et de déclamations politiques. Il y a, en France, sur l'alliance avec telle puissance, sur l'ambition ou les vues de telle autre, une foule de phrases toutes faites, héritage de l'ancien régime, de la république ou de l'empire, et de la restauration elle-même, auxquelles il serait pénible, pour les improvisateurs en politique, de renoncer. Cependant, si les gens qui, depuis deux ans et demi, ont eu occasion de prendre connaissance des affaires traitées en Europe pendant les quinze dernières années, voulaient être de bonne foi, ils conviendraient qu'ils ont eu à abandonner beaucoup de préjugés du genre de ceux auxquels je fais ici allusion. On ne peut pas assez le répéter : c'est à l'alliance que l'Europe a dû la paix qui a régné depuis 1815. Pendant ces quinze années, aucune puissance n'a osé se livrer à des projets ambitieux. La crainte des commotions avait fait embrasser à tous le système du *statu quo;* et dans le conseil de l'alliance, on était forcément amené à s'entendre promptement. Dès qu'une question politique s'élevait, qui menaçait d'armer une des puissances, toutes s'efforçaient de la résoudre de manière à prévenir une intervention isolée, ou au moins d'en préciser et d'en régler la marche et les effets. Ce n'était point le système de non intervention, système absurde quand on l'applique à tous les cas, et qui cesse d'en être un, si l'on ne l'applique qu'à des cas particuliers : c'était, au contraire, le système de l'intervention de toutes les puissances principales dans les affaires qui auraient pu amener de graves dissentimens. C'est encore ce système qui a maintenu la paix depuis le mois de juillet 1830. Qui, en effet, mettra en doute que, sans la conférence de Londres, la guerre n'eût éclaté à l'occasion de l'insurrection de la Belgique? On peut, certes, facilement tourner en ridicule la lenteur des négociations qui ont formé et qui doivent consolider ce nouveau royaume; mais il faut convenir que, si en 1830 on eût eu à traiter avec les cabinets isolés de Londres, de Vienne, de Berlin et de Pétersbourg, les évènemens auraient pris une marche bien différente de celle qu'ils ont prise. En quelques mois, l'Europe aurait vu le nouveau gouvernement de France, se trompant sur l'union des puissances, braver et s'attirer une guerre générale, ou, reculant devant la prépotence d'un ou de plusieurs cabinets, réveiller en eux l'espérance de comprimer le mouvement qui a éclaté en ce pays-ci, et y attirer les efforts combinés d'une nouvelle coalition. Il y a à parier que nous serions aujourd'hui dans un état de choses tout à fait différent, et dans lequel on n'accuserait pas les lenteurs de la diplomatie. Au lieu de cela, dans tous les cabinets, on a eu le temps de maîtriser les premiers mouvemens, de résister aux entraînemens, de comparer les espérances avec les risques. Une réunion de diplomates a travaillé au maintien de la paix, comme à son œuvre, avec une vraie prédilection qui a surmonté bien des obstacles. A présent, comme avant 1830, cette conférence s'est attachée non pas à chercher ce qui pouvait être d'une utilité particulière pour tel pays en agitation, mais à surveiller ce qui pouvait nuire à la paix de tous. La société des gouvernemens a, comme la société des hommes, le droit d'exiger que son repos, son bonheur ne soient pas troublés par l'intérêt privé de chacun de ses membres. On aurait d'autant plus de tort, en France, de repousser ce système de politique commune, que déjà apparaît sur l'horizon une question dans laquelle le gouvernement français ne peut espérer de succès pacifique qu'au moyen de ce système. En effet, si la chute de l'empire ottoman surprend l'Europe désunie, les voisins s'arrangeront forcément avec rapidité; et si la France veut avoir sa part des dépouilles, il lui faudra la revendiquer, les armes à la main, des puissances placées à sa portée, et qui n'auront d'autre parti à prendre que de s'unir pour la repousser.

Pour en revenir au Portugal, il n'a pas le droit de se plaindre des puissances, ni le pays ni les partis qui le divisent. Nous avons vu combien l'indépendance du pays avait été respectée, combien les intérêts légitimes de don Miguel avaient été ménagés. Quant à don Pedro, il est probable que s'il avait mis plus de franchise, ou plus d'apparence de franchise dans sa conduite; s'il n'avait pas paru tour à tour assurer et mettre en doute la séparation des deux royaumes, désirée par toutes les puissances; si, ayant abdiqué sans arrière-pensée, il avait fait immédiatement proclamer sa fille, et l'avait envoyée en Europe, cette princesse, une fois montée sur le trône, y serait probablement encore. Mais on a eu lieu de concevoir des doutes sur la franchise des déterminations de ce prince, et bien du temps a été perdu en précautions, en explications. Ces retards ont laissé pénétrer le jour sur l'état intérieur du royaume : l'on a reconnu qu'une grande partie de la nation était mal disposée pour le gouvernement nouveau, et que l'infant, qu'après tout l'on ne pouvait retenir à Vienne le jour où il aurait la volonté formelle d'en sortir, mettrait, dès qu'il le voudrait, l'existence de ce gouvernement en question. Il fallait donc assurer à ce prince ce qui pouvait raisonnablement le satisfaire : la régence du royaume, quand il aurait vingt-cinq ans, ce qui, au fait, paraissait, d'après la Charte, être son droit, et la main de la reine future que son frère lui avait offerte. Cette nécessité devint d'autant plus pressante, que la seconde année du gouvernement de la princesse Isabelle-Marie décourageait de jour en jour davantage ses partisans, et prouvait que son administration ne pouvait guère se prolonger plus long-temps. C'est probablement cette même conviction qui, portée à Rio, détermina don Pedro à envoyer son frère à Lisbonne, au lieu d'insister sur l'ordre qu'il lui avait donné de se rendre au Brésil. Il est inutile de s'appesantir ici sur les motifs de ce changement; personne, en Europe, ne mit alors leur réalité en question. L'ordre de l'empereur arrivé, il fallut qu'on s'occupât, en envoyant l'infant en Portugal, de prendre avec lui les arrangemens nécessaires pour que les intentions de don Pedro et des puissances fussent respectées, que les engagemens pris fussent tenus fidèlement. Ce ne pouvait être que par des conférences et des protocoles, et probablement l'on ne s'en fit pas faute. Toutes les puissances étaient pressées d'en finir des grandes affaires de ce petit royaume; même l'Angleterre, qui avait hâte de faire oublier à celui qui allait être maître du Portugal l'opposition qu'elle avait mise à son élévation. Tout ce qu'il y avait d'honnêtes gens parmi les personnes qui avaient servi la régente depuis deux ans, ne demandaient pas mieux que d'avoir un prince à leur tête, et étaient disposés à le servir avec zèle.

L'avenir s'ouvrait donc brillant devant les premiers pas de don Miguel, quand il toucha le rivage de sa patrie. S'il trouvait la place que les lois de Portugal assignent au mari de la reine, au-dessous d'un prince qui se sent les moyens de s'emparer de la première ; si, dans des vues plus généreuses, il pensait que l'avenir de son pays ne devait pas reposer sur la vie incertaine d'un enfant, ni sur une hérédité plus incertaine encore, sûrement rien ne lui eût été plus facile, dès qu'il eût été établi au timon de l'Etat, que de se faire proclamer roi concurremment avec sa jeune épouse, comme le fit Guillaume III, en Angleterre. Probablement, aucun Portugais n'eût élevé la voix contre une mesure utile sans aucun doute au pays, et les cours l'eussent vue avec la plus profonde indifférence. Mais, égaré par de mauvais conseils, instrument d'un parti violent et haineux qui réclamait vengeance et pouvoir, il préféra manquer dès les premiers momens à tous ses engagemens. Il s'aliéna à plaisir l'affection de ce qu'il y avait d'hommes distingués dans le pays, et dédaigna stupidement la bienveillance de toutes les puissances qui l'avaient ramené à Lisbonne. Il est assez inutile de rechercher s'il trompait à Vienne, à Paris, à Londres, les cabinets avec lesquels il traita, ou si tombé en arrivant entre les mains de sa mère et de la coterie de Queluz, il changea là seulement de résolution : les princes répondent des conseils qu'ils adoptent comme de ceux qu'ils conçoivent. Toujours est-il qu'à peine débarqué, on put s'apercevoir que le parti était pris de le faire proclamer roi. Les gens qui avaient lutté contre la régence, les serviteurs de la reine-mère, les intrigans se pressèrent autour de lui, bien résolus de le forcer à rejeter toute espèce de ménagemens. Leurs adversaires avaient triomphé dix-huit mois, eux aussi voulurent triompher à leur tour. Il devint dès lors évident que la principale affaire allait être de satisfaire des ressentimens particuliers. On jeta, peut-être à dessein, l'effroi dans le cœur de tous les hommes marquans qui avaient servi le gouvernement d'Isabelle-Marie. Traités et menacés comme ennemis, le souvenir des emprisonnemens du 30 avril leur revint en mémoire. Tout ce qui put se cacher ou se sauver le fit, et l'ambassadeur d'Angleterre vit bientôt fugitifs tous ceux que son prédécesseur avait encouragés et soutenus, tous ceux qu'il avait disposés à recevoir l'infant, à préparer son retour; tous ceux qui, depuis dix-huit mois, s'étaient employés sur sa parole à comprimer l'élan révolutionnaire, à conserver la tranquillité du pays. Les conseils des agens diplomatiques furent dédaignés par le prince, parce qu'ils le contrariaient et l'ennuyaient; par son principal ministre, parce que, sans expérience, connaissant peu les affaires politiques de l'Europe, il se figurait que les engagemens solennels pris par l'infant pouvaient être rompus sans qu'aucune puissance eût l'idée de le trouver mauvais; parce qu'au lieu de se conserver étranger à l'esprit de parti, au-dessus duquel sa position élevée le plaçait si naturellement, il parut être tombé sous l'influence de quelques hommes qui ne voyaient dans ces grandes vicissitudes du royaumes que le triomphe d'une coterie sur une autre, et des ressentimens à satisfaire.

On sait comment les représentans des cours alliées s'entendirent pour chercher à arrêter le cours de ces folies; comment ensuite ils se retirèrent d'un commun accord; comment enfin toute relation diplomatique cessa entre les cours et le gouvernement de don Miguel. Après la retraite de leurs agens, elles n'avaient guère à choisir qu'entre trois manières de se conduire envers celui-ci : le laisser indéfiniment dans une espèce d'excommunication politique, ce qu'elles ont fait, probablement parce que, pour cela, il suffisait de ne se décider à rien, et de laisser les choses telles qu'elles étaient, ou s'arranger le plus honorablement possible avec lui, en exigeant des réparations, des amnisties, selon qu'on l'aurait jugé convenable, ou enfin prendre des mesures pour faire chasser du pays l'infant, et renverser son ouvrage. Dans le choix d'un de ces partis, les cours n'avaient que leurs convenances à consulter; car elles ne doivent rien, pas même des égards, à don Miguel, qui s'est lié par des engagemens, et y a manqué avec impudeur. Sont-elles liées par des devoirs plus réels envers son frère, qu'elles ont reconnu et traité comme roi de Portugal? C'est une question sur laquelle il est de quelque intérêt de s'entendre.

L'opinion des libéraux de France et d'Angleterre s'est hautement prononcée en faveur du rédacteur de la Charte portugaise. La raison en est facile à trouver. Il faut convenir cependant que leur engouement pour ce prince présente une singulière inconséquence. Assurément, il prouve bien qu'ils ne sont pas esclaves de leurs principes, et qu'ils n'ont horreur de l'arbitraire qu'aux mains de leurs ennemis, ce dont, au reste, on aurait pu facilement se douter à la manière dont ils usent du pouvoir quand le malheur des peuples veut qu'il tombe entre les leurs. Quel prince, en effet, a jamais fait acte d'un pouvoir plus arbitraire, plus absolu, que don Pedro? Certes, si un doute s'élevait à la mort de Jean VI sur les droits de son successeur, c'était le pays qui se trouvait investi du droit d'examiner et de juger cette haute question politique, droit qui eût dû paraître sacré aux yeux des partisans de la souveraineté du peuple. C'était une heureuse occasion de rétablir la nation dans la jouissance d'une belle prérogative. Elle pouvait s'assembler, traiter avec le fondateur des Constitutions libérales au Brésil, et lui imposer des conditions. Après même qu'il eût été reconnu et proclamé, si, ne voulant pas régner en Portugal, il renonçait pour lui-même à la couronne qu'on lui présentait, on pouvait alors, au nom du pays, réclamer le droit de désigner le prince auquel elle devait être donnée, tout au moins celui de confirmer le choix que l'empereur avait fait de sa fille aînée; si ce même prince jugeait qué les institutions vieillies du Portugal ne lui convenaient plus, c'était encore au pays à juger et à approuver son plan de réforme. Qui ne croirait que les partisans de la souveraineté du peuple, dans un pays où elle paraissait exister en principe dans les lois mêmes, la réclameraient hautement ? Bien loin de là, ils acceptent l'apparence de la plus extrême servilité ; ils applaudissent, quand, foulant aux pieds tous les droits de la nation, don Pedro, absent du Portugal depuis son enfance, entouré d'un conseil étranger, répond à l'offre de la couronne par l'abolition de toutes les institutions du pays, trace à la hâte une nouvelle Charte, dédaigne le trône pour lui-même, l'assigne à une de ses filles encore dans l'enfance, et prétend cependant retenir pour un temps indéfini le pouvoir en ses mains, et essaie de disposer des places et des dignités du royaume. Qui ne croirait lire l'histoire d'un peuple de rajas, végétant, non sous le sceptre, mais sous le bâton d'un despote de l'Orient ? C'est que ces prétendus amis de la liberté aiment même le despotisme, pourvu qu'il détruise ce qui blesse leur vanité ou qu'il serve leur haine, seuls mobiles réels de leur agitation ; c'est que, par de-là les actes arbitraires de don Pedro, se montrait l'espérance de la destruction de tout ce qui était ancien, de tout ce qui avait été respecté jusque-là dans le pays. C'était là la véritable cause des applaudissemens que prodiguaient à l'omnipotence royale ces gens qui se prétendaient dévoués au triomphe de la souveraineté populaire.

D'un autre côté, le dirai-je? le même acte de despotisme a peut-être recommandé don Pedro à la bienveillance de plus d'un cabinet; car, quoiqu'elle ne lui ait pas été fort utile, il l'a obtenue cependant. Il y avait quelque chose d'assez séduisant dans cette plénitude du pouvoir royal qui éclatait dans ce paquet arrivé d'Amérique, qui contenait la volonté d'un souverain signifiant à ses sujets que leurs institutions sont et demeurent abolies; qu'ils en trouveront ci-joint de nouvelles, et que, comme il préfère les mulâtres du Brésil à l'antique monarchie d'Alphonse, ils recevront un jour ou un autre une petite souveraine qu'on leur élève à Rio. Il y avait là quelque chose, un principe assez bon à reconnaître, un germe heureux à déposer pour l'avenir dans la terre d'Europe; car à mesure que les sujets toisant de plus près leurs princes les dédaignent davantage, et rompent un à un les liens qui les enchaînaient à leur pouvoir, les souverains s'enflent de vaines prétentions, s'efforcent de s'élever au-dessus de leurs peuples, et s'énorgueillisent follement d'une ascension que, semblables aux ballons, ils ne doivent qu'à leur légèreté, et à ce qu'ils ne tiennent plus au sol du pays.

L'engouement des libéraux pour don Pedro mis de côté, voici les raisons qui militent en faveur de ce prince et de sa fille auprès des cabinets alliés, avec les considérations qui peuvent en diminuer la gravité.

Don Pedro a été reconnu par eux comme roi de

Portugal, mais uniquement parce qu'il l'était par les Portugais : jamais les alliés n'ont prétendu avoir jugé ses droits.

Don Pedro a abdiqué conditionnellement en faveur de sa fille, mais jamais elle n'a été proclamée reine en Portugal ; les actes se sont faits pendant la régence d'Isabelle-Marie, au nom de son père. Les alliés ne peuvent être tenus de la reconnaître, si les Portugais ne la reconnaissent pas ; si ils le faisaient, ils se déclareraient par-là les juges et de la capacité de don Pedro, disputée par les Portugais, et de son droit de disposer à son gré de la couronne, droit contraire à la raison, aux droits anciens des peuples, et encore bien plus à l'opinion publique de tous les peuples de l'Europe en ce moment. Ainsi l'on peut dire que les puissances n'ont pas l'apparence d'un engagement envers dona Maria ni avec don Pedro.

L'autorité de ce prince a été à la vérité établie pendant deux ans en Portugal ; mais pendant tout ce temps-là, une partie notable de la nation, soit par son émigration, soit les armes à la main, a protesté contre cette autorité ; et depuis cinq ans la nation entière l'a rejetée, et don Miguel règne sans opposition.

Une assemblée nationale a sanctionné les droits de don Pedro, mais la nation y était représentée d'une manière nouvelle, insolite, contraire aux usages anciens ; l'élection et la forme de cette assemblée avaient été imaginées et ordonnées par don Pedro exprès pour la sanction de ces mêmes droits ; une autre assemblée,

réunie par don Miguel dans les formes anciennes, a
déclaré que don Pedro les avait perdus.

S'il y a des objections à faire à la validité de l'une
de ces assemblées, il y en a tout assez à faire à la validité de l'autre, pour que les alliés ne soient gênés
ni par l'une ni par l'autre. D'un tel état de choses,
les cabinets de l'Europe peuvent bien conclure qu'ils
sont aussi libres par rapport à don Pedro, qu'ils le
sont par rapport à don Miguel; qu'ils peuvent dans
cette question ne consulter que leurs intérêts et ceux
de l'Europe, c'est-à-dire qu'ils doivent suivre la ligne
de conduite qui peut mieux concilier les intérêts de
leur pays avec les intérêts des autres. C'est donc sous
ce rapport qu'il nous reste à examiner la question,
c'est-à-dire quel est l'intérêt des puissances, et plus
particulièrement de la France, dans l'affaire de Portugal.

Dans l'état actuel des choses, le pays dont nous
nous occupons, aussi mal gouverné qu'un pays puisse
l'être, est malheureux; pour long-temps s'est éteinte
à ses yeux toute lueur d'amélioration; il n'a plus le
moindre poids dans la balance de l'Europe; ses con-
seillers ne peuvent plus élever, devant les nations,
une voix respectée; il n'a aucune action au-dehors,
n'agit ni ne réagit sur les affaires d'aucun peuple;
il est, en un mot, pour l'Europe, comme s'il n'existait plus. Tout cela constitue, sans doute, un état de
choses très-malheureux; je le déplore par humanité:
mais cet état de choses est en même temps très-inof-

fensif pour toutes les puissances; aucune n'a ni droit ni prétexte pour s'en mêler; aucune n'a un motif qu'elle puisse avouer de chercher à le troubler par une révolution : bien loin de là, toutes peuvent au contraire se dire que, si l'on réussissait à en faire une, il en surgirait indubitablement des embarras qu'elles regretteraient d'avoir aidé à susciter. Et en effet, il ne faut pas s'y tromper, il ne s'agit point ici de placer un prince qu'on croit légitime sur le trône d'un prince qu'on tient pour usurpateur; mais il s'agit de proclamer le triomphe d'un parti sur un autre, de rendre dominante une opinion qui tend à bouleverser la péninsule, et commencer par une révolution politique une révolution sociale. Ici les princes ne sont que les enseignes des partis. Bien fou serait l'homme qui s'imaginerait voir, dans la chaleur avec laquelle chacun d'eux est soutenu en Europe, un esprit de justice! Non, c'est toute autre chose qui anime la question. Qu'on se le persuade bien, aujourd'hui la péninsule repose, heureuse ou non, mais tranquille, sous l'influence d'un même système, bon ou mauvais. Eh bien! si un prince que la Providence ne semble pas offrir au monde comme un modèle de prudence et de sagesse, réussit à renverser son frère, le repos de la péninsule est troublé, le gouvernement espagnol menacé dans son existence. Prétendra-t-on l'empêcher de faire, pour sa sûreté, ce qu'au même titre la France fait en Belgique? Et si des cinq puissances quelques-unes veulent user de cette injuste prépotence de la force envers la cour de Madrid, les autres y consentiront-elles? et n'en résultera-t-il pas des circonstances dangereuses dans lesquelles les gouvernemens n'ont pas le droit d'entraîner les peuples, quand il ne s'agit pas des intérêts de ceux-ci? Ne faudra-t-il pas ou faire la guerre, ou ployer devant la politique d'autres cabinets? Qu'on ne dise pas que don Pedro vainqueur ne changerait rien aux rapports politiques du Portugal avec les autres pays : don Pedro n'est rien; il n'est rien que le nom du parti qui lutte contre celui des anciennes institutions de la péninsule. En effet, quel homme en Europe mettrait quelque intérêt à ce que ce fût lui ou son frère qui gouvernât ce pays si malheureux? Non, don Pedro, qu'il le veuille ou non, est l'expression d'une révolution politique et sociale au-delà des Pyrénées. Or, comme le roi d'Espagne ne doit voir pareille chose qu'avec effroi, il cherchera, adroitement ou non, efficacement ou non, à y mettre obstacle; c'est son droit de propre conservation. Au demeurant, qu'il en use ou qu'il n'en use pas, qu'importe? la révolution portugaise ne verra en lui que son ennemi; elle ne triomphera que pour travailler immédiatement à sa ruine. Qu'on ne se laisse pas abuser par la modération qu'a montrée, sous ce rapport, la régence d'Isabelle-Marie : cette modération était due au choix des personnes investies de la confiance de la princesse, généralement honnêtes et bien intentionnées, qui voulaient le bien du pays et n'étaient pas entièrement dominées par un parti; aux efforts faits pour écarter de la princesse les vrais révolutionnaires, et aussi au langage des puissances : on peut même dire qu'elle a tenu en quelque sorte à la présence des troupes anglaises, qui, en donnant toute sécurité au gouvernement, lui ôtait pour les mesures violentes le prétexte de sa propre conservation.

Le cabinet des Tuileries se laissera-t-il préoccuper de l'idée qu'il se débarrassera, en occupant l'Espagne du côté du Portugal, de la petite inquiétude qu'elle lui donne sur les Pyrénées? Certes, le remède serait pire que le mal. Il est absurde en politique d'écarter une gêne légère en s'attirant des embarras réels. D'un autre côté, aucun cabinet n'est plus libre que lui d'abandonner sans rougir la cause de don Pedro, de prendre comme légale la décision des cortès qui ont décerné la couronne à son frère, et de regarder comme une sanction donnée à cette décision le repos dans lequel reste la population en présence de l'entreprise guerrière de don Pedro. Aucun n'a plus que lui le droit de croire que la souveraineté peut, dans des cas extraordinaires, se fonder sur le vote d'une représentation nationale, fût-elle même incomplète, et sur la sanction exprimée par la soumission générale du pays.

Quant à nous, Français, nous pouvons bien nous dire que, si don Pedro fait une révolution en Portugal, elle tournera toute entière au profit de l'Angleterre, auquel elle livrera entièrement le pays; que si ensuite elle s'étend en Espagne, nous verrons un grand nombre de nos compatriotes qui y sont établis, dépouillés, chassés ou tués; que notre commerce y sera détruit, et que nous aurons sur notre frontière du midi, au lieu d'un voisin tranquille par faiblesse, un voisin aussi turbulent que mal intentionné. Ne nous y trompons pas, les prétendus patriotes français qui appellent cette révolution de leurs vœux, n'ont d'autres motifs que la volonté d'en faire une seconde en France; bien borné serait l'homme qui les croirait de bonne foi.

Mais cependant quel parti prendra-t-on entre ces deux frères? Les laissera-t-on achever de détruire un pays qui n'est déjà que trop malheureux? Il est important d'ailleurs de régler le sort des Açores, que les puissances commerçantes de l'Europe auraient tort d'abandonner au hasard des évènemens. Des îles ainsi situées sur la route de l'Amérique ne doivent pas rester aux mains de gens qui ne dépendraient plus d'aucun gouvernement reconnu.

Il est donc à désirer que les puissances s'entendent pendant qu'il en est encore temps pour s'entremettre entre les deux frères. L'honneur et la justice leur commandent de faire régler le sort des individus que la nécessité a rangés dans le nombre des ennemis du gouvernement actuel du Portugal. La plupart méritent de l'intérêt, et composent la partie la plus éclairée de la nation; ils ont été compromis dans l'origine près de l'infant pour avoir servi la régence reconnue et protégée par toutes les puissance. Ils n'étaient pas les sujets de don Miguel quand ils ont été forcés de s'éloigner de leur patrie ; ils en sont sortis sujets de don Pedro ou de sa fille, et nul n'a le droit de leur faire un reproche de leur avoir été fidèles. Mais aujourd'hui que la nation semble prononcer en faveur du second fils de Jean VI, si l'Europe regarde l'arrêt comme définitif, qu'ils puissent rentrer dans leur pays et accepter le jugement porté par leurs concitoyens ; certes, ils peuvent leur être plus utiles que les hommes que don Miguel leur a opposés sous les murs de Porto.

FIN.

www.ingramcontent.com/pod-product-compliance
Lightning Source LLC
Chambersburg PA
CBHW051144050726

47594CB00003B/1230